スリ・ダヤ・マタの著書紹介

『オンリー・ラブ ──愛だけが──』

『心の静寂の中へ』

心の静寂の中へ

―― 愛に満ちた関係を神と築く ――

スリ・ダヤ・マタ

英語原書

　書名：　Enter the Quiet Heart

　発行者：　Self-Realization Fellowship, Los Angeles (California)

　ISBN-13：978-0-87612-175-7

　ISBN-10：0-87612-175-X

　　　Self-Realization Fellowshipにより日本語に翻訳

Self-Realization Fellowship
国際出版委員会認定

2017年日本語訳第一版発行
First edition in Japanese, 2017

2017年 印刷
This printing 2017

ISBN-13: 978-0-87612-767-4
ISBN-10: 0-87612-767-7

1664-J4555

すべての人に愛を与え、神の愛を感じ、すべての人の内に神がおられるのを見ること・・・これこそが、この世で生きる道です。

—— パラマハンサ・ヨガナンダ

はじめに

　人はみな、誰もが愛を求めています。同じように、私の心は、子供の頃から、愛を熱烈に求めていました。私にとって、愛の無い人生は、何の意味もありませんでした。けれども私は、不完全な愛では決して満足できないと知っていました。私を満足させるのは、無条件の愛、私を決して失望させない愛だけだったのです。私の理性はこう告げていました。「完全な愛を見つけるためには、聖なる源へ、聖なるお方のもとへと行かなければならない。そのようなお方だけが、完全な愛を与えることができる。」こうして、私の神への探求が始まったのです。

　まだ17歳の少女だった1931年に、この神への探求は、人生をまったく変えてしまう出会いへと私を導いてくれました。私は、故郷のソルトレイク・シティーで、偉大な神の人、パラマハンサ・ヨガナンダ*が行った一連の講演会に出席するという幸運に恵まれたのです。

＊　119ページ、"パラマハンサ・ヨガナンダについて"参照

それから何年かの間に、私はヨガナンダ大師から、自分の一生の願いを、心からの熱望を、完全にかなえる方法を学びました。それは、完全な愛、神聖な愛——私たちの魂の永遠の恋人である神と霊的に交わり、すべてを焼き尽くすような愛を経験することだったのです。

　世界中を旅する中で、非常に多くの人が私に次のような質問をしました。「どうしたら自分の人生にもっと大きな意味を見出せるのでしょう？　心の中で感じている空しさ、言葉にはできない切なさに、答えはあるのでしょうか？　私が失ってしまった愛は、一体どこにあるのでしょう？」

　この本はまさしく、私がその人たちにお答えしていることなのです。

心の静寂の中へ

どんなに大きな愛が、どれほど心地よい平安が、何という魅惑的な喜びが、あなた自身の奥底にある静寂のなかで、あなたを待ち受けていることでしょう！　ここでこそ、神を見つけることができるのです。

　心の中の静寂の中心から神を呼ぶとき —— 神を知りたい、神の愛を感じたいと、純粋で真剣な切なる思いをもって神を呼ぶとき —— 間違いなく、神からの応えを引き寄せることができます。そのような、愛するお方がおられるという心地よさが、私たちの究極の現実となるのです。そうなると、心は完全に満足します。私たちの人生は一変します。

神は、平和や、愛や、安らぎや、思いやりを与えてく
れる避難所です。ここで私たちは力をたくわえて、尽きる
ことのない人生の要求に立ち向かうことができます。

私たち一人ひとりの内には、世界の混乱が侵入するのを許さない、静寂の神殿があります。周りで何が起こっていようと、魂の内にあるこの静寂の聖域に入りさえすれば、祝福に満ちた神の存在を感じて、神の平安と力を受け取ることができます。

心はいつも、できる限り、神への思いにとどめていてください。この神への思いから、私たちは、魂が求めてやまない強さ、英知、偉大な愛を引き出します。移り変わるこの世で、唯一変化しない神に、心をとどめていましょう。

自分の内を細かく調べてみれば、何かを渇望し、切望し、必要としていることに気づくでしょう。それは、完全な満足感で心がすっかり奪われてしまうような愛です。そして、この世のどんなものからも得られない——お金からも、健康からも、どんなにたくさんのことを知的に理解しても得られない、完全な安心感です。

あなたが心から望む安心感や、究極の満足感は、神の中にあります。魂と、魂の愛する神との関係は、甘美で、純粋で、愛に満ちています。この関係から生まれる喜びに匹敵するものは、この地上にはありません。

この世の人はみな、期待を裏切ったり、私たちを見捨てたりするかもしれませんが、もし自分の内に神との甘く優しい関係を築いていたら、決して孤独感や、見捨てられたという気持ちを感じることはありません。私たちのそばには、いつもあの聖なるお方が——真の友、真の恋人、真の母、真の父であるお方がいてくださいます。どんな形であれ、あなたが神をそのようなお方だと思えば、あなたにとって、神はそのお方なのです。

あなたが真っ先に神のもとへと向かうのなら、神は、どれほど優しくあなたの生活と魂を満たしてくださることでしょう。私が今、自分の内側を見つめて、「私の魂が渇望しているものが、何かあるだろうか？」と自分に問いかけます。すると、いつもこのような答えが返ってきます。「私に不足しているものなど何もない。私の魂は、愛する神の中で完全に満足しているのだから。」

私たちの最も深い欲求を満たすことができるのは、神だけです。・・・

　このことをいったん理解すると、人は神に近づく方法を探し始めます。私が実践してきたのは単純な方法です。最初に、神を熱望します。次に、神への愛をとおして、神との個人的な関係をつちかうのです。

神と親密な関係を築くには、神と知り合いにならなければなりません。知らない相手を愛するように言われても、それはとても難しいでしょう。たとえその人のすばらしい性格について聞かされても、知らない相手を愛するのは簡単ではありません。でも、あなたがその人に会い、一緒に時を過ごしたら、その人のことが分かりはじめ、好きになり、愛するようになるでしょう。神に対する愛も、このようにして養うべきなのです。

　問題は、**どうやって**神と知り合うかです。ここで、瞑想の出番となります。すべての聖典が、神を求め神を知りたがっている人々に、静かに座って神と交わることを勧めています。その実現のために、私たちの教えでは、瞑想の技法と共に、聖歌(チャント)の詠唱と祈りを実践します。このように、何らかの方法にのっとることが重要です。神の喜びや愛について本を読むだけでは、神と知り合いにはなれません。霊的な書物は、宗教的な情熱や信仰を駆り立てることは

できますが、最終的な結果をもたらしてはくれません。た
だ神についての講義を聞くというのも同じことです。毎日、
ほんのわずかな時間でも、あなたは静かに座って深く瞑想
し、他のことをすべて忘れて神だけに心を集中しなければ
なりません。そうすれば、少しずつ神と知り合いになるこ
とができます。そうして神と知り合えば、神を愛さずには
いられなくなります。

神と静かに過ごすために、毎日訪れることのできる、心の乱れのない場所を、あなたの魂のなかに確保しておきましょう。

たとえほんの一瞬でも心を内に向けて、神と話をしよう
と思えば、機会は一日の内にいくらでもあります。

もし毎日 10 分だけでも、すべての思いを捨てて神だけ
を思い、神と深く話をするなら、自分の人生にとてつもな
い変化が起こるのが分かるでしょう。このことに疑いの余
地はありません。

神の心に届くのは、必ずしも長い祈りとは限りません。
たった一つの思いを、魂の深みから繰り返し発するだけで、
実にすばらしい神からの応えを引き寄せることができるの
です。

「祈り」ということば自体、形式的で、一方的な神への
アピールを意味しているような気がして、私は使いたくあ
りません。私にとって、神と会話すること、近く親しい
友としての神に話しかけることは、より自然で、個人的で、
効果的な祈り方なのです。

人から好意を得るための、最も簡単な方法は何でしょうか？ それは理屈ではなく愛です。ですから、神という聖なる友を得るための方法は当然、神を愛することになります。

あなたは、自分の子供や、妻や夫や親には、とても気軽に「愛している」と言います。別に恥ずかしいとは思いません。それと同じで、自分の内に入り、心の中の小さな礼拝堂のドアを閉めて、「神様、愛しています」と言うのは、とても簡単なことなのです。

神の注意を引きつける一番簡単な方法は、神を深く愛することです。

誰かが私のところに来て、「どうやって神を愛せばよいのか分かりません。どのように神と話をしたらよいのか分かりません」と言うと、私はこう言います。「今、私に話しかけているように、私に心を打ち明けているように、神と話をする習慣を身につければ良いのです。」このように純粋で誠実な関係を神と結んだとき、神がどれほど応えてくださるかは、驚くほどです。

魂と神との関係においては、誠実さこそが土台になります。つまり、神のみもとに行って、心からの最も誠実な言葉で「神様、助けてください」と、隠し立てせず親しみをこめて神に話しかけることができる、ということです。

祈りをささげるときに、信心深そうにして、うわべだけを飾るべきではありません。そんなことをしても、神は動かされません。神は、私たちの心から自然にあふれてくるものに関心を持っておられるのです。

私にとって、神に応えていただくための最も簡単な方法は、自分の内側で、「愛するお方よ、私の愛するお方よ」と、心の底から呼びかけることです。あなたも、たとえ始めは言葉通りの気持ちを感じられなくても、このように呼び続けなければなりません。そうすれば、ある日あなたも、「神よ、私の神よ。主よ、わが主よ。すべてはあなたです、あなたです」と、心から言えるようになるでしょう。それ以外に何も言う必要はないのです。

落ち着いて、自分の内側に集中していられるようになる
まで、瞑想の技法を実践してください。それから、雑念
はすべて追い出し、これから述べるような一つの思いに集
中して、何度も何度も何度も、繰り返し唱えてください。
「主よ、愛しています。あなたが欲しいのです。あなただけ、
あなただけ、あなただけです、私の神よ。」ああ、このよ
うに自分の心の言葉で神に話しかけるのは、なんと心地よ
いことでしょう！　あなたは本当の愛とは何かを見いだし
ます。本当の喜びとは何かが分かります。

求道者は、瞑想している間や瞑想の終わりに、自分の思いがとても純粋に表現されるような状態に達します。・・・その状態では、頭や心や魂から生じるのは、このような飾り気のない表現だけになります。「主よ、私は何もお願いすることがありません。何の要求もありません。あなたを愛しているということ以外、伝えたいこともありません。ただ、この愛を楽しみ、大切にして、魂の中にしっかり抱きしめ、この愛をいつまでも味わっていたいだけなのです。あなたへの愛の告白から私の思いを引き離すものは——心がどんな力を振るおうと、感覚的な欲望が何を恋しがろうと——この世界には何もありません。」

心の中で神に話しかけ、神を愛する習慣を身につけることは、僧院に暮らす者だけでなく、社会で生活を送る人にも必要です。この習慣を身につけることはできます。ほんの少し努力が必要なだけです。あなたがこれまで身につけてきた習慣はすべて、肉体的であっても精神的であっても、第二の天性のようになるまであなたが規則的に繰り返してきた行為なのです。けれども、あなたがある時ある行為をし始めたからこそ、そのような習慣ができたのです。今こそ、神と静かに話をする習慣が身につくような、行動や考え方をし始めてください。

あなた自身の言葉で、静かに、誰にも聞かれないように、ただ神に伝えましょう——あなたを愛していますと。座って静かに瞑想しているときに、伝えてください。混雑した道を行くときに、机に向かって仕事をしているときに、「神よ、愛しています。わが主よ、愛しています」と伝えてください。これを、夜眠りにつく前の、最後の思いとしましょう。今夜、試してみてください。それは本当に美しく、最もすばらしい喜びです。あなたが眠りに落ちるそのときに、魂が安らかな状態に入り始めたそのときに、穏やかに、優しく、静かに、心の中で歌うのです。「わが主よ、わが主よ、愛するお方よ、愛するお方よ、私の神よ」と。

悲しいときも嬉しいときも、体の調子のよくないときも元気で丈夫なときも、うまくゆかないときも順調なときも、どのような状況にあっても、「私の神よ、愛しています」という一つの思いが、静かに、たゆまず流れているようにしてください。そして、心からそう言ってください。

五感を用いるときにもすべてを神にお返しすれば、人生はどれほど甘く、どれほど美しくなることでしょう。私は、さまざまな魂を見て「友よ、愛しています」と言うことができます。さまざまな鳥や木を見て「鳥よ、木よ、愛しています」と言うことができます。けれども私には分かります。「私が愛しているのは、主よ、あなたです。あなたが私に目を与えてくださったので、私は、あなたのお創りになったすべてのもの、すべての人の中に美しさを見ることができるのです。」

欲求不満や、不幸や、失意など、あまりにも多くの問題に悩まされている人々を見ると、心が痛みます。人はなぜ、このような経験に苦しめられているのでしょう？　その理由は、自分の起源である神を忘れているからです。ひとたびあなたが、自分の人生に欠けているものはただ一つ、神であると気づいて、毎日の瞑想の中で自分自身を神の意識で満たすように努め、欠けているものを取り戻そうとすれば、いつの日か、あなたはあまりにも完全となり、すっかり満たされてしまって、何事にもうろたえたり、心を乱されたりしなくなる時がくるでしょう。

心が枯れてしまったような感じがするときでも、神への愛を感じる努力を続けてください。こうすることが、生き方にならなければなりません。それは、一日たった数分間や数時間のことでもなければ、ほんの数年間のことでもありません。あなたの残りの人生すべての瞬間に行っていくべきことなのです。そうすれば、この道の終着点で、愛する神があなたを待っておられたことに気づくでしょう。

　あなたが心の言葉で絶えず神と語り続けるのなら、この道を歩む一日一日は、喜びや楽しさ、勇気、力、愛にあふれた日々になり得るのです。

ほとんどの人があきらめてしまうのは、神は応えてくだ
さらないと考えるからです。しかし、神はご自身の存在を、
ご自身で決めた時間と方法とで知らせてくださいます。問
題の一つは、私たちが聞くのを忘れてしまっていることで
す！ 聞くことも、神との会話の一部です。聖書もこう言っ
ています。「静まって、わたしこそ神であることを知れ。」

ここにいても、海外に行っても、人々が私のところに
やって来てはこう聞きます。「どうしてそんなに何時間も、
じっと動かずに瞑想して座っていられるのですか？　そう
やって静かにしている間に、何をなさっているのですか？」
古代インドのヨギたちは、宗教の科学を発達させました。
ある科学的技法を用いると、心を乱したり紛らわしたりす
る雑念の波を消せるほど、心を十分深く静めることができ
ると、彼らは発見したのです。その静まり返った湖のよう
な意識の中で、私たちは自分の内に、神の似すがたを見る
ことができるのです。

神はいつも必ずおられます。宇宙のどこかから突然やって来て、私たちに近寄って来られるのではありません。神はいつも私たちと共におられるのですが、そのことに気づかないのは、私たちの心が神と共にないからです。私たちは、気分や、感情の浮き沈み、過敏すぎる感情、怒り、こういったものから生じる錯覚に心が乱され、認識力が曇らされているので、神がおられることに気づかないでいるのです。

世界のあらゆる聖典は、私たちが神の似すがたにつくられていると伝えています。でも、もしそうなら、なぜ私たちは、自分が神と同じように汚れなく、不滅であることを知らないのでしょう？　なぜ私たちには、自分とは神の霊が体をまとった存在だという自覚がないのでしょう？・・・

　聖典は、さらに何と言っているでしょう？「静まって、わたしこそ神であることを知れ。」「絶えず祈りなさい。」・・・

　ヨガの瞑想を、つねに注意深く規則正しく実践していれば、あなたもいつか、突然心の中で、このように言う時が来ます。「ああ！　わたしはこの体ではなかった、たとえ、この世界と交流するために体を使ったとしても。わたしは、怒りや、嫉妬や、嫌悪や、貪欲や、落ち着きのなさを抱えた、この心でもない。わたしとは自分の内にある、この素晴らしい意識状態だ。わたしは神の至福と愛をかたどった、聖なる似すがたにつくられているのだ。」

神の意識に生きる求道者は、自分が常に神に集中して
いて、いつも神のある側面——わが神、父なる神、母な
る神、子なる神、愛する神、恋人である神、私のもので
ある神——の周囲に、心を思いめぐらせていることがわか
ります。

自分を神の子供、または神の友、神の信者と見ること
によって、神との個人的関係をもっと深めなさい。私た
ちは、すばらしく親切で、理解があって、深い愛に満ち
たお方と、自分の経験を分かち合っている、という意識
で人生を楽しむべきです。

神とは何かについて、ほとんどの人は何の考えも持っていません。多くの人にとって、神とは名ばかりの存在にすぎないのです。なかには、神は姿・形を持つと考える人がいます。また、神に姿・形はないと信じる人もいます。神に姿・形がなければならない、あるいは姿・形があってはならない、などと考えるのはばかげています。神はその両方です。神の性質は無限です。神は、誰の好みにも合わせて振る舞ってくださるのです。神を愛する人はみな、何であれ自分が最も魅力を感じるような、神の考え方を心に抱いてよいのです。

無限なる神を、何かの考え方でとらえようとする場合、大切なことは、あなたの心に神への愛が呼び起こされるような考え方を選ぶということです。

もし、神に人格があるという考え方がまったく信じられないのなら、姿・形は頭から追い出してしまいなさい。あなたにとって、神を、無限の至福、無限の英知、遍在の意識ととらえる方が受け入れやすいのなら、そのような考え方に集中しなさい。

ある人が私のところに来て、「神が父のような存在だとは、どうしても思えません。神を父として愛し祈ることに重点を置いている宗教には、従うことができません」と言いました。

　私はその人に聞きました。「なぜそんなことに心をとり乱しているのですか？　神はすべてです。あなたは、神をどんな存在だと考えているのですか？」

　「私は神を母だと考えています」と彼は言いました。

　そこで私は言いました。「それなら、神を母として見てください。無限なる神をそのように考えてご覧なさい。あなたもいつかは、神がすべての形を超越しておられ、しかも無数の形を通して現われておられるのを悟るようになるでしょう。」

私にとって、神は形をもたない、無限の愛です。私は、無限の愛である神を、ときには最愛のお方として、または聖母さまとして、またときには、ただ愛そのものとして考えます。形をもたない神という概念は、あなた自身にも形がないことを思い出せば、理解するのは難しいことではありません。電気が電球の中に閉じ込められていても、電気は電球ではないように、体という電球の中に閉じ込められていても、あなたは魂であって、体ではありません。万物は神であると分かったとき、あなたは、どのような側面から神のことを考えたとしても、それだけで、神に酔いしれることができるようになるのです。

神をただの言葉だと考えたり、見知らぬ存在だと考えたり、または天にいて、あなたを審判にかけて懲らしめようと待ち構えている存在だと考えたりしないでください。もし自分が神だったとしたら、どのような存在だと思われたいかを考えてみて、そのとおりに神のことを考えてみてください。

私たちがどんなことをしようと、神が私たちを見捨てることは絶対にありません。神が私たちに背を向けることは決してありません。

神に愛してもらうために、完璧になる必要はありません。
私たちのあらゆる欠点や弱さにも関わらず、神は今すでに、
私たちを愛してくださっています。

私たちの最大の欠点の一つは、神を恐れていることです。私たちは、魂の内に、心の内に、良心の内に、自分を深く悩ませる何かがあることを、神の前で認めるのが怖いのです。けれども、それは間違っています。愛する神こそ、何か問題を抱えたら、真っ先に相談すべきお方なのです・・・なぜでしょう？　それは、あなたが自分の弱点に気づくずっと前から、神はその弱点をご存知だからです。あなたが何を話そうと、神にとっては耳新しいことではありません。神に心を打ち明けると、ただ、すばらしい解放感が魂に訪れるだけなのです。

「わが主よ、私はどんなことでも、恐れずにあなたにお聞きします。ためらいや恥ずかしさを感じたり、罰当たりでないかと感じたりはしません。あなたは私の愛するお方なのですから。あなたは私の魂の純真さをご存知です。私が理解と英知を強く求めているのを、分かってくださいます。私には、良い性質と、まだ克服できない悪い性質があるのを、あなたは知っておられます。清らかな魂のまわりに、私が欠点を身につけてしまったからといって、私を罰するようなことはなさいません。私を助けてくださるのです。主よ、自分の不完全さをあなたに隠すようなことはしません。謙虚に、信仰心をもって、純粋に、子供のように信頼して、あなたに助けを求めに行きます。そして、あなたが応えてくださるまで求め続けます。私は決してあきらめません。」

49

主は、私たちが過ちを犯しても、厳しくとがめるような
ことはなさいません。ですから私たちも、自分のことをあ
まり厳しく責めさいなむべきではありません。その代わり
に、もっと神を愛してください。自分に欠点があっても、
ひるまずに神のもとに駆けつけてしまうほど、強く神を愛
してください。

神は必ずしも、私たちの善行の大きさに従って、応えてくださるわけではありません。そうではなく、私たちの神への熱望の深さに従って、応えてくださるのです。

心からの愛と願いという、ただ一つの思いを神に捧げて
ください。そうすれば、神はこう答えてくださいます。「わ
が子よ、ただ一度、魂の深みからの静かな呼びかけがあっ
たなら、わたしはすぐに駆けつけよう。」

神との関係において、私は、聖なるお方を母として考えることを好みます。父の愛は往々にして理性的で、子供が良い子かどうかに左右されます。しかし母の愛は無条件です。わが子を思うとき、母は愛そのものであり、慈悲であり、許しです。・・・私たちは、子として母なる神に近づき、自分が良い子かどうかなど気にせずに、母の愛は自分のものだと言うことができるのです。

神を母として見ると、私たちと神との関係はとても優しいものになります。母親は、わが子がどんな間違いを犯そうと、その子を愛し、許し、決して見捨てません。神は、このようにそれぞれの魂を慈しんでおられるのです。聖母さまは、私たちが幸福かどうかをとても気にかけていてくださり、私たちが幸せにしていると、とても喜んでくださいます。子供のそばにいて喜びと慰めを与えたいと、母親以上に強く望んでいる存在があるでしょうか？　瞑想の静寂の深みの中で神に呼びかけるときは、この真理を思いだしてください。

瞑想をし、神を愛し、静かに真心をこめて神と会話することによって、純粋に、無条件に愛することができるようになるのです。私の人生で、神に語りかけていない時はなかったように思います。でも神が私に話しかけてくださるかどうかについては、それほど気にしていません。たぶん、そのように考えるのは変わっているのかもしれませんね。私は心の中で、神と会話をするだけで、喜びを感じるのです。会話の後、突然、神が愛、至福、または英知を私の意識の中に注いでくださったのを感じ、深い感動でうち震えることがあるのです。その時、「ああ、聖母さま、この人生で私が求めていたものをくださったのは、あなたなのですね」と悟ることができるのです。

何か良いことがあったときには、最初に神に知らせましょう。逆境にあったときには、神に捧げてしまって助けを求めましょう。何か理解できないことがあったときには、神に持ちかけ、神とそのことを話し合い、導きを求め正しく理解できるように祈りましょう。言い換えれば、人生で起こるすべてのことを、神に話しましょう。

すべての人の心の中には空しさがあって、それを埋める
ことができるのは神だけです。神の探求を最優先にしてく
ださい。

神のことを思い出しなさい。神は、あなたをとても愛しておられます。

神を深く愛することを学びなさい。どのようにすればよいのか分からなかったら、絶えずこう祈りなさい。「神よ、あなたを愛することを教えてください。・・・私に愛を与えてください。私は、自分のすべての欲求不満と、苦悩と、悲しみと、失望を抱えたまま、理解を求めて、あなたのみ前に立っています。・・・愛とは何かを教えてください。」するといつか、至福に満ちた内なる神に心が完全に安らいで、ただ神のみ名を一度唱えるだけで、神への愛が湧き上がってくる時が来るでしょう。

私たちは、神に対して誠実でなければなりません。「主よ、あなたを愛します」と言いながら、心の中で何か他のことを考えていたら何の意味があるでしょう？　たとえ一回でよいから、純粋な愛をもって神のみ名を唱えなさい。あるいは、より深い憧れと集中力をもって、何回も何回も唱えなさい。そうすれば、神のみ名があなたの人生を変えるでしょう。

もし私が、あなた方の誰か一人と話をしているときに、部屋にいる他の人の方を見たり、時計を見たり、外で起こっていることを見たり、あちこち見回していたらどうでしょう。相手の人は、「何だろう？ この人は私に話しかけているのに、心はまったく上の空だ！ 私には関心がないのだろう」と思うでしょう。不注意によって、私たちは神にこのような感じを抱かせてしまっているのです。

神はあなたが心の中で思っているのと同じだけ、あなたの近くにおられます。

もし私たちが、「神は、心に思いさえすればすぐ来てくださる存在で、常に私たちのことを愛し、気にかけてくださっている」と信じていたら、私たちはどれだけ頻繁に、神のもとへと向かい、神と共にあることを喜ぶようになるでしょう。

自分の人生に何か災難が降りかかったとき、私たちは、どれほどあわてて神のもとに駆けつけようとすることでしょう！ でも、そんなことが起こるのを待っていてはいけません。静かに心から神に呼びかければ、神は優しく応えてくださるのです。

もし、あなた方の一人ひとりが、今日この日から、神と静かに霊交し会話する習慣を身につけて、誠実に待ち続け、耳を傾け続けたとしたら、あなたの心からの呼びかけに、神がどれほど応えてくださるかが分かるでしょう。これは本当です。あなたが活動しているさなかであっても、神は応えてくださるのです。

あなたは、内なる世界で、神と共に歩み、神と言葉を交わすことができます。この内なる世界のことをもっとよく知って、神が「汝はわが愛しき者」と沈黙のうちに断言してくださるのを聞きなさい。この神との至福に満ちた関係は、もっともっと自分の内に、アヴィラの聖テレサが"霊魂の城"と呼んだ、内なる世界にとどまることを学ぶ以外に、手に入れる方法はありません。

あなたが誠実に、全身全霊で神を強く求めると、愛するお方のみ名を心の中で静かに唱えるだけで、愛と喜びが心にあふれます。これこそが、私たち誰もが求めているものです。この喜びや、圧倒されるような愛は、言葉で説明できるものではありません。聖者にとって、沈黙の誓いを守って全人生を過ごすのがどんなに簡単なことか、私には分かります。なぜなら、神とその真の帰依者との間には、たくさんの至福に満ちた会話が、心の中で交わされているからです。聖者は、あまり語ることを好みません。そうしないと、人々を驚かせるような自分の言葉によって、心の内に聞こえる神の優しいみ声が、かき消されてしまうからです。

神は、私たち一人ひとりに、他の誰も立ち入ることのできない、内なる静寂の宮を授けてくださいました。そこで、神と共に過ごすことができます。そのことを、あまり人に話す必要はありません。また、神と共に過ごすことによって、愛する人々から引き離されてしまうようなことはありません。むしろ、すべての人との関係は、もっと優しく、もっと強く、もっと永続するようになります。

　すべての愛——子に対する親の愛、親に対する子の愛、妻に対する夫の愛、夫に対する妻の愛、友人同士の愛——が生じる源は神です。神へとまっすぐに向かったときに、私たちは、想像を絶するような満足感を与えてくれる源泉で、うっとりと愛を味わうのです。

無限の愛をもつ神と、深く交わりなさい。神はいつも、瞑想という神殿で、あなたが来るのを待っておられます。

いつも忘れずにいなさい。神は、あなたの心の中身を見て、対応しておられるのです。

神は私たちに、思想の自由を与え、心の聖域の中で、プライバシーが守られるようにしてくださいました。誰も、この自由とプライバシーを侵害することはできません。神は、私たち一人ひとりに、心の中で、神への愛を表現し、神と霊交する無限の機会を与えてくださったのです。私たちの心の中の静かな礼拝──甘美で神聖な、喜びと愛の交流──は、誰にも知られなくてよいのです。

私たちが捧げることのできる、神にふさわしい唯一の贈り物とは、愛です。

神は、哀れみ深い心に引きつけられます。神を、万物の内に隠れておられる唯一のお方と見るような、清らかな目を持つ帰依者のもとへと来られます。すべての人は、ほかならぬ神ご自身であり、あなたがどのように反応するかを見るために、神が変装しておられるのだと考えるようにしてください。

神がわが子一人ひとりに感じているような気持ちを、あなたも感じられるように努力してください。このような優しさと思いやりは、人とつきあうときに、「主よ、あなたがこの魂に感じていらっしゃる愛を、私に感じさせてください」という静かな祈りを、心の中で唱え続けていると養うことができます。・・・

　すべての存在は愛に反応します。聖フランチェスコは、神の愛に浸りきっていたので、神のつくられた臆病な動物も、敵対的な動物も、彼の前では恐れや敵対心を失いました。神の愛の流れ道となった人は、霊的な磁力を身につけ、不調和を調和させる力を放射するようになるのです。

ヒンズー教の聖典にはこう書かれています。「人はいかなる迫害のもとにあっても、許すべきである。・・・世界は、許しによって共存している。許しは偉大な力である。許しは犠牲である。許しは心の平安である。許しと寛大さは、心の平安をもたらす根源であり、永遠の徳性である。」

　この理想に生きるよう努め、すべての人に親切と、癒しをもたらす愛を進んで与えなさい。そうすれば、すべてを包み込む神の愛が、あなたの心の中に、流れ込んで来るのを感じられるはずです。

あまりにも神経過敏になって、感情や、身体の要求や、周囲の状況に、心が絶えずかき乱されてしまわないようにしてください。自分の内にある、魂の静けさの中にとどまるよう努力しましょう。そこが、あなたの本当の住まいなのです。

私は長年、机の上に、この霊感に満ちた言葉を飾っていました。

　　「謙虚さとは、心が常に穏やかであること。何事にも煩_{わずら}わされないこと。くよくよ悩んだり、困ったり、いらいらしたり、悲嘆に暮れたり、落胆したりしないこと。
　　何も期待せず、何をされても驚かず、悪意ある行為にあっても何も感じないこと。誰も褒めてくれないときも、非難され軽蔑されたときも、落ち着いていること。
　　謙虚さとは、自分の内に神聖な家を持つこと。そこにいけば、戸を閉めて、秘かにわが父にひざまずくことができ、周囲のすべてが騒然としていても、深い海の静けさの中にいるように、心穏やかでいられること。*」

　このような安心と平和は、心を神に集中し続けることによって達成することができます。

---

* キャノン・T・T・カーター (1809–1901)

動揺する気持ち、傷ついた感情、落ち着きのない欲望などで心がいっぱいになったとき、本当の問題は何か分かりますか？　これらの苦しみの根底には、神を知らないことから来る、寂しさや空しさがあるのです。私たちの魂は、かつて愛する神と完全に一つだったとき、すばらしい愛を味わっていました。この愛を覚えているので、私たちはこの世という"荒れ野"で、完全な愛を取り戻そうと泣き叫んでいるのです。

誰もが切実に求めている平安や調和は、物質的なものや、この世の経験からは得られません。それは単に不可能なのです。美しい夕陽を見たり、山や海辺に出かけたりすれば、一時的な心の落ち着きを感じるかもしれません。でも、最高の感動を与える場所に行っても、あなた自身の中に不調和があれば、平安を得ることはできません。

　人生において、周囲に調和をもたらす秘訣は、魂との調和、神との調和を、自分自身の内に築くことなのです。

神は、すべての人をご自身の似すがたにつくられました。神の似すがた——アートマン、魂は、私たち一人ひとりの内に存在しています。・・・神の似すがたの性質に逆らうと、あなたは意地悪になり、神経質になり、怒りっぽくなり、不機嫌になります。そして、自分に自信が持てなくなり、その他の精神的な不調和に悩まされることになります。でも、あなたが自分の魂と神との、聖なる絆を復活させるなら、いかにして生きるべきかを本当に学んだことになります。あなたは、平安と愛と至福の大河が、自分の中を常に流れ、あなたを永遠に満たしてくれるのに気づくでしょう。

「主よ、あなたは私の内におられ、私はあなたの内にいます。」この思い（アファメーション）を心の中で断言し、考え続けてください。・・・これを意識的に繰り返しながら、自分が断言していることは真実だと感じましょう。神の豊かな生命力が、力・平安・導き・喜びとなって──あるいは何であれ物質的・精神的・霊的にあなたが必要とするものとなって、あなたに流れ込んで来るのを感じてください。すべてを包み込む遍在の神へと、自分自身が拡大していくにつれて、恐れ・限界・欠点・孤独感でできた束縛の壁が、消え去っていくのを感じましょう。

私たちは一人ぼっちではないこと、これまでもこれから
も、絶対に一人ぼっちではないと知りなさい。

神にえり好みはありません。神は偉大な聖人たちを愛するのと同じくらい、私たち皆を愛してくださいます。

ヒンズー教の聖典には、ただ神のみ名を唱えるだけで、人は救われると書いてあります。初めてこれを読んだとき、どうしてそんなことがあり得るのか理解できませんでした。けれども、「わが主よ、愛しているのはあなただけです。あなただけを求めています。あなただけが欲しいのです」という魂の熱望や切望感だけを持って、心の中でみ名を唱えるとき、それが**可能である**ことを私は学びました。

多くの求道者は私にこう言います。「でも、私は**祈り続けてきたのです。**」キリスト教徒であれば「私は23年もの間、毎日、祈りの言葉を唱えてきました」と言うかもしれません。イスラム教徒であれば「私は1日5回の礼拝(ナマージ)を、23年間忠実に行ってきました」などと言い、ヒンズー教徒であれば「私はずっと、唱名(ジャパ)や礼拝(プージャ)を行ってきました」などと言うかもしれません。そして、そう言っている一人ひとりが「自分が進歩しているとは思えません。心はまったく落ち着かず、とても不安定です。どうしてなのでしょう?」などと訴えます。これは、祈りや礼拝を機械的に行っているからなのです。愛の言葉を、心を込めずに機械的に口にしても、相手の愛を得ることはできません。愛は、心からのものでなければなりません。これこそが、霊的な修行において、忘れられがちなことなのです。

神を探求する方法はたくさんありますが、どの方法においても、基本的に必要とされるのは、神への愛です。人間関係の基礎をなすもの、人々をお互いに引きつけるものとは何でしょう、愛のほかに何かありますか？　愛以外の何によって私たちは子供に引きつけられるというのでしょう？　私たちが誰かに引きつけられるのは、愛のためではないですか？　愛は、この世界で、とてつもなく大きな力を持っているのです。子供の目をしっかりと見て、「私のＡちゃん、大好きよ」と言ったら、その子はあなたを信じます。でも、もし母親が「大好きよ」と言いながら、何かほかのことに注意をとられていたら、子供は「お母さん、こっちを向いて。ちゃんと**私に**向かって言って」と言うでしょう。神も同じように感じておられると思いませんか？

バガヴァッド・ギーターの中で、主はこうおっしゃっ
ています。「いかなるときも、**わたしを見る者、その者を
わたしは見る。その者がわたしを見失うことはなく、わたし
が**その者を見失うこともない。」今後みなさんが、愛するお
方を静かに見つめ続けることを、私は心から願っています。
神は、私たちを常に覚えていてくださいます。忘れてしま
うのは、私たちの方なのです。

信仰心を持って、あの愛するお方のもとに行きましょう。でも、ただの信仰心にとどまらず、こう言えるようになりましょう。「神よ、愛しています。あなたは私の愛しいお方です。あなたが私に、愛する力を注ぎ込んでくださらなかったら、私は誰も――子供も、両親も、夫も、妻も、誰であろうと――愛することはできませんでした。ですから、誰よりもあなたを愛しています。神よ、愛しています。」

あなたが知ることのできる最高の喜びは、魂の言葉で、静かに神に語りかけていると得られます。神の愛は、決して私たちを失望させることのない愛です。これは、長い間の私の経験からお話ししています。ですからあなたに、強くお勧めします。神を愛してください、神を愛してください、神を愛してください。

愛そのものである神に酔いしれましょう。

何かに失望するたびに、人生の中で不満を感じるたびに、このようなことは、あなたが神を忘れないよう注意するために、神が起こしておられるのだと気づけるような、そんな甘美な関係を、神とはぐくむようにしてください。

「聖母さまは常にそばにいてくださり、それは、困難や重圧にさらされている時でも同じだ」と感じられる関係を聖母さまと結ぶのは、とてもすばらしいことです。このような親密な関係をはぐくむと、あなたは聖母さまに何でも話すことができます。そして、聖母さまが優しく応えてくださり、自信を与えてくださるのを感じることができます。聖母さまに近づくときは、自分だけが正しいとか、自分は不当な扱いを受けているなどと考えるのではなく、子供が母親にするように、聖母さまの着物のすそを引っ張って、「ねえ聖母さま、私に何をしようと思ってるの？」と聞けばよいのです。

逆境は、私たちを懲らしめたり、心を打ち砕いたりする
ために起こるのではなく、私たちの魂に宿る無敵の力を目
覚めさせるために起こるのです。・・・私たちの経験する
厳しい試練は、神が祝福を与えようと手を差し伸べるとき
にできる影にすぎません。主は私たちを、このマーヤ──
苦難に満ちた二元性の世界から、なんとか救い出そうとし
ておられます。神がお与えになる困難は、どんなものであっ
ても、私たちが早く神のもとに戻るために必要なものなの
です。

子供のように神に話しかけてみてください。毎晩そうするのなら、あなたの人生は神の内に、しっかりと根を下ろすようになります。あなたは強い木のようになるでしょう。強い木は、風が吹くとしなやかに曲がりますが、決して折れません。弾力性のないもろい木は、ちょっと突風が吹いただけで、折れて倒れてしまいます。神を深く愛する人は、人生のさまざまな経験にあっても、折れることなく、しなやかに曲がることができるようになります。そのような人は、神の内に、深くしっかりと根を下ろしているのです。

人生の戦いに勝つための最も簡単な方法は、神への思いが第一に来るように意識を保ち続けることです。

大いに活動的でありながら、心の平安やバランスを失わないようにするには、いくつかの秘訣があります。その中でも最も大切なのは、瞑想の時間をもって一日を始めるということです。瞑想をしない人は、自分の内側に心が深く入っていったとき、どれほど大きな平安が意識に満ちあふれるか、決して分かりません。このような平安の状態に到達する方法を考え出そうとしても、できるものではありません。この状態は、通常の意識や思考過程を超えたところにあるからです。だからこそ、パラマハンサ・ヨガナンダが教えてくださったヨガの瞑想法はすばらしいのです。世界中の人が、ヨガの瞑想法を習得すべきです。この瞑想法を正確に実践すれば、あなたはまさしく、内なる平安の海のなかを泳いでいるかのように感じます。この内なる静寂に、心をしっかりとどめて、一日を始めなさい。

働いている間にも、時々立ち止まって自分自身に問い
かけなさい。「私の意識はどこにあるのだろう？ 私の心は、
自分の内におられる神を、静かに見つめているのだろう
か？ それとも、周囲のさまざまな問題にとらわれてしまっ
ているのだろうか？」もしもあなたが瞑想をして、その上
で活動中にも神に心を集中し続けようと努めれば、あなた
の人生は自然にバランスがとれるようになります。そして
あなたは、もっと落ち着いた人間になります——感情に
動かされるのではなく、もっと高次な、内なる静寂の境地
で活動するようになるのです。

とても忙しく活動しているさなかに、いくつもの問題に同時に注意を向けなければならないときに、自分のしていることを突然中断して「私の愛する神よ、あなたは今も私のそばにおられますか？」と考えるのは、なかなか簡単なことではありません。あなたが神に静かに呼びかければ、安らぎに満ちた神が存在を明らかにしてくださる、そのようになったとき、自分が霊的に進歩していると分かります。

私が提案していることを実践すれば、いつの日か、意識が途切れることなく「常に神とともにある」瞑想状態に、とどまっていられるようになります。このような求道者は、やがてブラザー・ローレンス＊のようになります。ブラザー・ローレンスは、床を掃いているときも、祭壇の前で神を礼拝しているときも、いつも心は神に浸りきっていました。これこそが、あなたの達成すべき境地です。でも、この境地に至るには、努力が必要です――想像するだけでは達成できません。いつかはあなたも分かります、たとえ仕事の最中であっても、心をちょっと内に向けさえすれば、英知・喜び・神への愛が湧き上がる、内なる泉を感じられるということが。そして、こう言うでしょう。「ああ、神は私とともにおられる！」これが、瞑想によって得られる成果です。この状態は、静かに神と霊交しているときも、活動しているときも、いつでも楽しむことができるのです。

＊　ブラザー・ローレンス(1614–1691)は、宗教信仰書の古典『The Practice of the Presence of God』の著者

愛だけが真実です。人生に様々なことがあっても、魂がいつまでも魅力を感じたり、興味をかき立てられたりするものは、愛以外にはありません。何年も前に、私はパラマハンサ・ヨガナンダ師に言いました。「私は、人生の中でどうしても得たいものが一つだけあります。それは愛です。でも私は、それを神からいただきたいのです。」

　私は、師のお答えに、深く感動しました。「それならば、わたしはあなたに言おう。その熱意を瞑想の中に持ち込みなさい。深く、もっと深く瞑想し、神の愛を求める熱望で、神を求める熱望だけで、心を埋め尽くしてしまいなさい。そうすれば、愛そのものである神を、あなたは知るだろう。」

家の中で、誰からも離れて独りきりになれる場所を見つけてください。心が重いときも、元気で平安に満ちあふれているときも、静かに座って、あなたの魂の言葉で神と語り合ってください。たゆまず努力し続ければ、必ず神の応えが得られます。得られないはずがありません。あなたが神に話しかければ話しかけるほど——形式的な祈りを機械的に繰り返すのではなく、心の奥底から、神に親しく話しかけるのなら——思いもよらない方法で、神の応えを自分の内に感じ始めていることに、もっともっとよく気づくようになるでしょう。神と親しくなることは**可能**です。つまり、神と親しく語り合い、神の愛を感じながら人生を送ることが**できる**のです。

どんな愛も、神の愛とは比べものになりません。

あなたの魂の言葉で神に祈りなさい。「あなたは、私の思いのすぐ背後におられます。私の心のすぐ背後に、私の呼吸のすぐ背後におられます。あなたは、愛する人たちから私が受け取る '愛' のすぐ背後におられます。すべてはあなたです —— あなただけです。」私たちがこの世にやってきたとき、一緒にいてくださったのは、神だけでした。私たちの人生は、お任せしさえすれば、神が導いてくださいます。そしてこの世を去るとき、一緒にいてくださるのは、神だけなのです。

神に深く、深く呼びかけなさい。あなたの心の言葉で神に話しかけなさい。悩みを打ち明けて心の重荷を下ろしなさい。あなたの犯した過ちが何であろうと、恐れることなく神のもとに行きなさい。神は私たちのことをご存知です。神に隠せることなどありません。神は愛そのものだと思い出してください――とても憐れみ深く、とても思いやり深いのです。神は、ご自身がこの世にもたらした迷妄が、どれほど強力かをご存知です。神は、私たちを助け出そうとして、絶え間なく呼びかけておられます。「わたしの方を向きなさい、わたしに頼りなさい。あなたの愛を差し出しなさい。わたしにしがみつきなさい！」

神を遠ざけようとしてはいけません。絶対に！ 神は、最も近くにおられ、最も愛すべきお方であり、どんなに親しい人よりも親しいお方なのです。

神がいつもどれほど私たちの近くにいてくださるかを、思い出すように努力していると、神との関係はとても純粋で愛に満ちたものになります。神を探求する際に、奇跡の実演や驚くべき結果ばかり追い求めていると、神が様々な方法でいつも私たちの所へ来てくださっているのを、見逃してしまうかもしれません。

聖書はこう告げています。「いつも喜んでいなさい。絶えず祈りなさい。すべてに感謝しなさい。」天の父の慈愛に感謝をささげると、私たちはもっともっと神に心を合わせられるようになります。感謝の気持ちは心を開き、様々な形で表現される神の豊かな愛を、受け入れられるようになるのです。

一日の中で、誰かが助けてくれた時はいつも、そのような恩恵を与えてくださった神のみ手を見なさい。誰かがあなたについて何か良いことを言ってくれた時には、その言葉の背後に神のみ声を聞きなさい。何か良いことやすばらしいことが、あなたの人生をきらめかせてくれた時には、それは神から来たのだと感じなさい。人生に起こるすべてのことを神に結びつけなさい。

あらゆる瞬間に、あらゆる経験の中に良い点を見いだし、感謝の念をもって、その与え手である神に心を向けましょう。

神は、このような人にお応えになります。母親に対して子供が見せるような、純真で、愛に満ち、信頼心にあふれる性質を持った人——心を開いて受け入れる人です。

心配や緊張があったり、落ち着かずにいらいらしたりすると、意識が曇ってしまい、自分の内におられる神を見ることができなくなってしまいます。静かに、落ち着いて待たなければなりません。このことを、ラビンドラナート・タゴールが、こんな言葉で美しく表現しています。

　　　あのお方の静かな足音を、聞いたことがないのですか？
　　　あのお方は来られます、来られます、いかなる時にも来られます。

　神を求める人は、神を愛し敬いながらお待ちするという心構えをもって、内なる静けさの中にとどまらなければなりません。すると、神の喜び、神の愛、神の存在が、自分の内に湧き上がってくるのを感じ始めます。「あのお方は来られます、来られます、いかなる時にも来られます。」

あなたが決してあきらめないと決心し、たゆまず努力し続けるなら、夢にも思わなかった甘美さ――何ものも及ぶことのない神との交わり――が、自分の内に育っていくのに気づきます。・・・神とこのような関係を築いたときに、あなたは本当に人生を楽しむことができるのです。

神を愛すると、心はいつも神に向かうようになります。あなたは、永遠の真理に安住し、常に不安定なこの世の生活にもてあそばれることがなくなります。あなたは、内なる神という海の奥底で、静けさに浸るようになります。そこでは、海上でどんな嵐が起ころうと影響されることはありません。そのとき、何の不安もなくなります——何かを失うことも、けがを負うことも恐れなくなり、死への恐怖さえなくなります。

これこそが、人生の目的のすべてです——神を見つけて
ください。神を愛してください。

著者について

　スリ・ダヤ・マタ (1914 – 2010) という名前は、"慈悲深い母" を意味しています。75年以上にわたる日々の瞑想と祈りの実践をとおして培われた英知と、神への大いなる愛とをもって、ダヤ・マタは、宗教や職業を問わずすべての人々を励まし霊感を与えました。ダヤ・マタは、パラマハンサ・ヨガナンダの最も初期の弟子の一人であり、ヨガナンダ師が創設したＳＲＦの僧団に 17 歳で入門しました。1955年にはＳＲＦの会長に任命され、近代において世界的な宗教団体の長に選ばれた、最初の女性の一人となりました。ＳＲＦ (Self-Realization Fellowship) * は、パラマハンサ・ヨガナンダが 1920 年に設立した宗教団体および人道団体であり、ダヤ・マタは 2010 年に逝去されるまでＳＲＦの会長を務めました。ダヤ・マタは会長として、世界的な講演旅行を何度も行いました。講話や非公式の談話をまとめた講話

---

　*　Self-Realization Fellowship（ＳＲＦ）の名称を、パラマハンサ・ヨガナンダは以下のように説明している。「真の自己を悟ることを通して神と交わること、また真理を探求するすべての人々との親睦」を意味する。

集は以下の2冊が刊行されています。『Only Love』(邦訳
『オンリー・ラブ ── 愛だけが ── 』)、『Finding the Joy
Within You』。

パラマハンサ・ヨガナンダについて

パラマハンサ・ヨガナンダ (1893–1952) は、現代におけ
る傑出した霊的指導者の一人として広く認められています。
インド北部に生まれ、1920 年に渡米、米国で 30 年以上
にわたってインド古来の瞑想の科学と、バランスのとれた
霊的生活を送る技術について教えました。高い賞賛を受け
た自伝『あるヨギの自叙伝』など、多くの著作をとおして、
東洋の永遠の英知を無数の読者に紹介してきました。パラ
マハンサ・ヨガナンダの霊的・人道主義的活動は、ＳＲＦ
(Self-Realization Fellowship) によって続けられています。
ＳＲＦは、1920 年にパラマハンサ・ヨガナンダによって創
立された国際的団体であり、師の教えを世界に広めること
を目的としています。

日本語の書籍

以下の本は書店、出版社および SRF から購入できます。

森北出版社	www.morikita.co.jp
SRF	www.srfbooks.org

『あるヨギの自叙伝』　　　　　　　パラマハンサ・ヨガナンダ著
『人間の永遠の探求』　　　　　　　パラマハンサ・ヨガナンダ著
『聖なる科学』　　　　　　　　　　スワミ・スリ・ユクテスワ著

以下の本は SRF から直接購入できます。

Self-Realization Fellowship
3880 San Rafael Avenue
Los Angeles, CA 90065-3219 USA
Tel +1-323-225-2471
Fax +1-323-225-5088
www.srfbooks.org

『成功の法則』　　　　　　　　　　　パラマハンサ・ヨガナンダ著
『メタフィジカル瞑想』　　　　　　　パラマハンサ・ヨガナンダ著
『神と話をする方法』　　　　　　　　パラマハンサ・ヨガナンダ著
『科学的な癒しのアファメーション』　パラマハンサ・ヨガナンダ著
『内なる平和』　　　　　　　　　　　パラマハンサ・ヨガナンダ著
『神はなぜ悪を許されるのか』　　　　パラマハンサ・ヨガナンダ著
『宗教の科学』　　　　　　　　　　　パラマハンサ・ヨガナンダ著

『オンリー・ラブ ─ 愛だけが ─』　　　スリ・ダヤ・マタ著

『心の静寂の中へ』　　　　　　　　　スリ・ダヤ・マタ著

『師弟関係』　　　　　　　　スリ・ムリナリニ・マタ著

『セルフ・リアリゼーション』誌 ─ スリ・ダヤ・マタ追悼特集号

英語の書籍

SRF から直接購入できます。

―― パラマハンサ・ヨガナンダの著書紹介 ――

Autobiography of a Yogi

The Second Coming of Christ:
The Resurrection of the Christ Within You
イエスの本来の教えについての注釈。天啓の書。

God Talks with Arjuna: *The Bhagavad Gita*
これまでにないバガヴァッド・ギーターの翻訳・注釈書。

Man's Eternal Quest
パラマハンサ・ヨガナンダの講話・談話集、第一巻。

The Divine Romance
パラマハンサ・ヨガナンダの講話・談話・エッセイ集、第二巻。

Journey to Self-Realization
パラマハンサ・ヨガナンダの講話・談話集、第三巻。

Wine of the Mystic: *The Rubaiyat of Omar Khayyam
— A Spiritual Interpretation*
『ルバイヤート』の不思議な心象風景の背後に秘められた、神との霊交の科学、神秘の科学を明らかにする、天来の注釈書。

Where There Is Light:
Insight and Inspiration for Meeting Life's Challenges

Whispers from Eternity
パラマハンサ・ヨガナンダが高い瞑想の境地で得た、聖なる体験と祈りのコレクション。

The Science of Religion

The Yoga of the Bhagavad Gita:
 An Introduction to India's Universal Science of God-
 Realization

The Yoga of Jesus:
 Understanding the Hidden Teachings of the Gospels

In the Sanctuary of the Soul: A Guide to Effective Prayer

Inner Peace: How to Be Calmly Active and Actively Calm

To Be Victorious in Life

Why God Permits Evil and How to Rise Above It

Living Fearlessly: Bringing Out Your Inner Soul Strength

How You Can Talk With God

Metaphysical Meditations
 心を高める瞑想、祈り、アファメーションの数々。300以上を収録。

Scientific Healing Affirmations
 パラマハンサ・ヨガナンダがアファメーションの科学を奥深く説
 明した書。

Sayings of Paramahansa Yogananda
 導きを求めて来た人々へ向けられた、パラマハンサ・ヨガナンダ
 の率直で愛に満ちた言葉と賢明な助言を集めた書。

Songs of the Soul
 パラマハンサ・ヨガナンダによる神秘的な詩。

The Law of Success
 人生の目標を達成するための、原動力を生みだす原理を説明し
 た書。

Cosmic Chants
 神への愛の歌60曲（英詩と楽譜）を収録。聖歌の詠唱によって
 どのように神との霊交へと導かれるかを説明した序文つき。

—— CD・DVD ——

Beholding the One in All
The Great Light of God
Songs of My Heart
To Make Heaven on Earth
Removing All Sorrow and Suffering
Follow the Path of Christ, Krishna, and the Masters
Awake in the Cosmic Dream
Be a Smile Millionaire
One Life Versus Reincarnation
In the Glory of the Spirit
Self-Realization: The Inner and the Outer Path

—— その他のSRF書籍の紹介 ——

The Holy Science　　　　　　　　Swami Sri Yukteswar著
Only Love: Living the Spiritual Life in a Changing World
　　　　　　　　　　　　　　　　　　Sri Daya Mata著
Finding the Joy Within You:
　　　　Personal Counsel for God-Centered Living
　　　　　　　　　　　　　　　　　　Sri Daya Mata著
God Alone: The Life and Letters of a Saint
　　　　　　　　　　　　　　　　　　Sri Gyanamata著
"Mejda": The Family and the Early Life of Paramahansa Yogananda
　　　　　　　　　　　　　　　　Sananda Lal Ghosh著
Self-Realization (1925年パラマハンサ・ヨガナンダ創刊の季刊誌)

SRFの書籍、CD、DVD等の総合カタログを
希望される方はご連絡ください。

入門用小冊子（無料）

　パラマハンサ・ヨガナンダの教えと、クリヤ・ヨガを含め師が教えた科学的瞑想法は、ＳＲＦのレッスン（通信講座）として特別にまとめられています。日本語では、重要なヨガ行法を説明した三つの要約レッスンが用意されています。詳細について知りたい方は、小冊子『セルフ・リアリゼーションとは？』をお取り寄せください。英語、スペイン語（全レッスン）およびドイツ語（短縮版）については、希望の言語を指定したうえで、小冊子『UNDREAMED-OF POSSIBILITIES』をお取り寄せください。小冊子はいずれも無料です。